TIME
FOR KIDS

INSECTOS
CONSTRUCTORES

Timothy J. Bradley

Consultores

Dr. Timothy Rasinski
Kent State University

Lori Oczkus
Consultora de alfabetización

Tejdeep Kochhar
Maestro de biología de
escuela preparatoria

Basado en textos extraídos de
TIME For Kids. TIME For Kids y el logotipo
de *TIME For Kids* son marcas registradas
de TIME Inc. Utilizados bajo licencia.

Créditos de publicación

Dona Herweck Rice, *Jefa de redacción*
Lee Aucoin, *Directora creativa*
Jamey Acosta, *Editora principal*
Lexa Hoang, *Diseñadora*
Stephanie Reid, *Editora de fotografía*
Rane Anderson, *Autora colaboradora*
Rachelle Cracchiolo, M.S.Ed.,
    Editora comercial

Créditos de imágenes: págs. 15, 32: Alamy;
págs. 18, 22 (fondo): Dreamstime; págs. 13
(fondo), 16, 21 (arriba), 26, 27 (arriba), 39
(abajo): Getty Images; págs. 12, 21 (abajo),
41 (derecha): iStockphoto; pág. 23: NASA;
pág. 14: National Geographic Stock; págs. 8
(izquierda), 9 (abajo), 19 (arriba), 20: Photo
Researchers, Inc.; págs. 10–11, 38–39, 48:
Timothy J. Bradley; pág. 35: Time Inc.; pág.
17: WENN.com/Newscom; pág. 7 (arriba)
Newscom; todas las demás imágenes de
Shutterstock.

Teacher Created Materials

5301 Oceanus Drive
Huntington Beach, CA 92649-1030
http://www.tcmpub.com
ISBN 978-1-4333-7054-0
© 2013 Teacher Created Materials, Inc.

TABLA DE CONTENIDO

HACIENDO QUE FUNCIONE

Los **ingenieros** son personas que encuentran maneras nuevas de que funcionen las cosas. Construyen puentes. Cavan túneles. Hacen carreteras. Los ingenieros también hacen planes de cómo hacer juguetes, tenedores, autos y mucho más. Algunos de los mejores ingenieros no fueron nunca a la universidad. Nacieron sabiendo cómo se construyen las cosas. Pero estos ingenieros no son personas... ¡son insectos!

Imagina una criatura que puede construir su propia **armadura**. ¿Y un insecto que puede fabricar seda más fuerte que el acero? Algunos insectos pueden hacer estructuras tan maravillosas como nuestros **rascacielos** más altos. Algunos utilizan los materiales que encuentran en la naturaleza. ¡Otros utilizan sus propios cuerpos para construir cosas! No son extraterrestres de una película de ciencia ficción. Estos ingenieros son los animales que construyen cosas nuevas todos los días en la Tierra.

Una araña construye un cascarón de seda para sus huevos.

Una avispa construye un panal.

PARA PENSAR

- ¿Alguna vez has intentado resolver un problema inventando algo nuevo?
- ¿Qué necesidades tienen en común los insectos y las personas?
- ¿Cómo piensas que los insectos se mantienen seguros?

INSECTOS CONSTRUCTORES

Todos los animales necesitan encontrar formas de sobrevivir. Todos los animales deben buscar alimento. Todas las criaturas deben encontrar lugares seguros donde vivir. Los insectos deben evitar a los **depredadores**. ¿Pero qué es exactamente un insecto?

Un insecto respira el aire. Su cuerpo está dividido en tres partes: la cabeza, el tórax y el abdomen. Tiene tres pares de patas. Y tiene alas.

Los insectos son un tipo de **artrópodo**. Tienen **exoesqueletos** y patas articuladas. Las arañas son animales artrópodos. También los cangrejos y algunas criaturas marinas. En todo el mundo, estos insectos ingenieros han construido pequeñas estructuras que los ayudan a sobrevivir a lo grande.

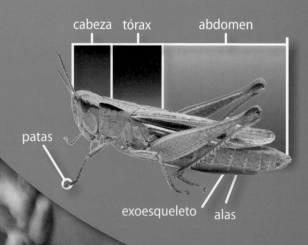

cabeza   tórax   abdomen

patas

exoesqueleto   alas

una variedad de refrigerios de insectos

Los insectos estuvieron entre las primeras criaturas en existir sobre la Tierra. ¡Aparecieron hace más de 100,000,000 de años!

un escorpión antiguo atrapado en ámbar

CIGARRA ESPUMADORA

Cigarra espumadora es el nombre que recibe la afrófora en la fase de desarrollo de **ninfa**. La cigarra espumadora es un insecto que forma burbujas que parecen saliva. (De ahí recibe su nombre). Primero forma un gran pegote de **espuma**. Luego se instala en su interior. Allí crece hasta transformarse en adulta. La espuma esconde al insecto de los depredadores. Y quienes ataquen a la cigarra espumadora, sabrán que la espuma tiene muy mal gusto.

Afrófora

ninfa de cigarra espumadora

afrófora adulta

Superespuma

Esta espuma de la cigarra espumadora hace algo más que esconder a la ninfa; también la mantiene a la temperatura adecuada e impide que el insecto se seque.

Nombres de insectos

Las cigarras espumadoras reciben su nombre de la espuma en la que se esconden. Muchos otros insectos también reciben apodos de acuerdo con el modo en que actúan o el aspecto que tienen. Hay orugas llamadas *orugas peludas*. A las termitas a veces se las llama *hormigas blancas*. Las hormigas feroces de África se denominan *hormigas soldados* u *hormigas guerreras*. Las hormigas que pican se llaman *hormigas de fuego*.

oruga peluda

Una afrófora adulta sale de la espuma.

FORMACIÓN DE LA BURBUJA

La "saliva" espumosa en la que se esconde una cigarra espumadora es muy importante para su supervivencia. ¿Pero cómo forma esa burbuja?

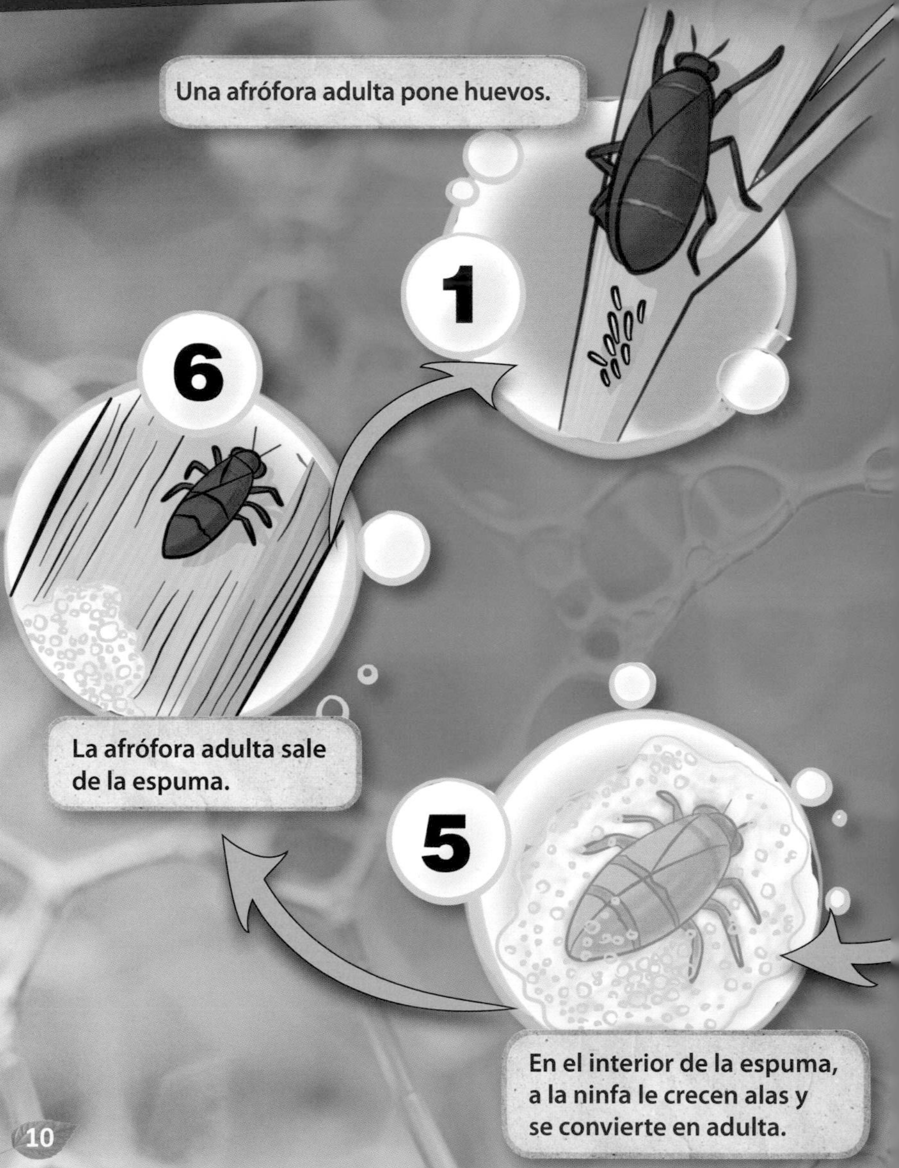

Una afrófora adulta pone huevos.

1

6

La afrófora adulta sale de la espuma.

5

En el interior de la espuma, a la ninfa le crecen alas y se convierte en adulta.

2

En primavera, los huevos se rompen y salen las ninfas.

3

Las ninfas succionan la savia de las plantas. El exceso de savia sale hacia afuera. Se forman burbujas cuando la savia se mezcla con el aire.

¡ALTO! PIENSA...

- ¿Cómo piensas que la cigarra espumadora sabe cuánta saliva producir?

- ¿Por qué piensas que la ninfa necesita protección adicional?

- ¿Qué clase de escondite diseñarías para una afrófora adulta?

4

La ninfa reúne las burbujas a su alrededor para crear un escondite.

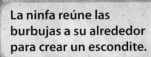

LARVA DE FRIGÁNEA

La **larva** de frigánea vive debajo del agua en los arroyos. Allí construye un cascarón de seda. El cascarón la ayuda a atrapar comida y a proteger su cuerpo blando. La larva pega pequeños pedazos de piedra, arena o ramitas al cascarón. Las puntas del cascarón están abiertas. Las **branquias** de la larva se extienden hacia atrás para facilitar la respiración. Las patas y la cabeza sobresalen de la parte del frente. En la seguridad de su cascarón, la larva puede arrastrarse a lo largo del fondo del arroyo.

Las piedras y las ramitas la ayudan a permanecer escondida de los depredadores. La larva agranda su cascarón a medida que crece. Cuando está lista para madurar y convertirse en una frigánea adulta, muerde el cascarón y sube a la superficie. Entonces recibe el nombre de *frigánea*. Sin embargo, no pasa mucho tiempo volando. Normalmente solo vive una o dos semanas fuera del agua antes de morir.

frigánea adulta

Armadura

Al igual que la frigánea, nosotros nos protegemos con una armadura. Nuestra armadura está formada por nuestra ropa, los zapatos, las chaquetas y los sombreros. Tenemos impermeables para permanecer secos. Tenemos zapatos que protegen las plantas de nuestros pies. En una época hacíamos armaduras de metal para protegernos durante la guerra.

La frigánea se mueve empujando el abdomen hacia afuera y metiéndolo hacia adentro.

La larva de frigánea utiliza cualquier material que encuentre para construir su cascarón. Puede usar grava, arena, ramitas, hojas o cualquier cosa que haya cerca.

13

ARAÑA TERAFOSA

La araña terafosa construye una trampa mortal para atrapar a su **presa**. Este artrópodo cava un agujero. Luego lo tapa con una puerta oculta. La puerta está **camuflada** con pasto y ramitas. Cuando la araña percibe que algo se arrastra sobre la puerta, salta de su agujero para atacar. Algunas hebras de seda, cuidadosamente dispuestas alrededor de la trampa, permiten a la araña percibir lo que ocurre arriba del agujero. Los hilos llegan hasta la araña. Cuando algún sabroso insecto toca uno de estos hilos, la araña sabe exactamente dónde está.

Las arañas terafosas se esconden dentro de sus madrigueras. Si tienen mucha hambre, se asoman por la trampa para observar y esperar.

La araña terafosa teje seda para crear una bisagra. Así es como pega la puerta al agujero.

Cazador cazado

La avispa caza tarántulas se especializa en atrapar arañas terafosas. Es una de las especies de avispas más grandes del mundo. El aguijón de la avispa caza tarántulas es muy doloroso.

Del otro lado de la trampilla

Las trampillas o portezuelas humanas se utilizan por muchas razones. Pueden encontrarse en todo tipo de lugares. En algunos edificios, una trampilla conduce a un techo. En los barcos, las escotillas conducen a la cubierta superior. Las trampillas a veces se utilizan para agregar un elemento de misterio a una historia.

CONSTRUCCIÓN DEBAJO DEL AGUA

Algunos insectos viven debajo del agua y cazan su alimento debajo de la superficie. El hecho de vivir debajo del agua les permite cazar sin competir por el alimento con los insectos terrestres. Sin embargo, necesitan **oxígeno** para respirar. Así, numerosos insectos pasan mucho tiempo subiendo a la superficie para respirar. Algunos se han **adaptado** físicamente para obtener oxígeno del agua. Otros insectos construyen bolsillos de aire especiales. Todas estas técnicas los ayudan a respirar debajo del agua.

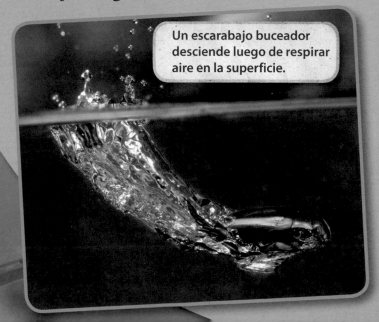

Un escarabajo buceador desciende luego de respirar aire en la superficie.

Una ráfaga de aire fresco

La telaraña de la araña de agua atrapa aire en una burbuja. La araña usa esta burbuja para respirar. La burbuja también actúa como pulmón externo.

ESCARABAJO BUCEADOR

Este insecto **ingeniero** ha adaptado su cuerpo para cazar y vivir debajo del agua. Los escarabajos buceadores usan las cajas de las alas para recoger burbujas de aire. Eso ayuda al escarabajo a respirar debajo del agua. Una vez que reunió aire, el escarabajo busca alimento. ¡Entre sus favoritos se encuentran otros insectos, renacuajos e incluso peces pequeños! Cuando el escarabajo se queda sin aire, nada hasta la superficie para reunir más aire. Pero no dejes que el nombre te engañe. Este insecto no solo nada y bucea: también vuela.

El cuerpo del escarabajo buceador tiene rayas amarillas oscuras y verdes.

larva del escarabajo buceador

A veces los escarabajos buceadores comen tanto que son demasiado pesados para nadar.

ARAÑA DE AGUA

Esta araña pasa la totalidad de su vida debajo del agua. Esto fue posible gracias a algunas adaptaciones increíbles. La araña de agua usa pelos en el cuerpo para atrapar una burbuja de aire alrededor de su abdomen, y utiliza este aire para construir una telaraña debajo del agua.

La telaraña contiene burbujas de aire. La araña hace muchos viajes a la superficie para reunir más burbujas de aire para su telaraña de burbujas. Atrapa y come casi cualquier cosa que toca la telaraña bajo el agua.

araña de agua

Cazadores bajo el agua

Debido a que la araña de agua caza bajo el agua, puede atrapar presas que otras arañas no pueden alcanzar. Las presas incluyen insectos acuáticos y peces pequeños.

Escafandras

Los seres humanos usan escafandras para trabajar bajo el agua durante períodos largos. Hay más presión en las profundidades del agua que sobre el agua. La escafandra permite a los buzos adaptarse a los cambios de presión.

¡MÁS EN PROFUNDIDAD!

Vida bajo el agua

¿Alguna vez se adaptarán los seres humanos a vivir bajo el agua como lo han hecho algunos insectos? ¿Nos crecerán branquias en algún lugar de la cabeza, quizá detrás de las orejas? Los científicos marinos ya pasan mucho tiempo debajo del agua para estudiar a los animales, las plantas y las capas de la Tierra. Los submarinistas son personas que permanecen bajo el agua durante largos períodos. En el futuro, es posible que los buzos y los submarinos no necesiten usar tanques de oxígeno. ¡Y seguramente pueda suponerse que, allí donde vivan los seres humanos, también habrá insectos!

Este submarinista vive y trabaja en un hábitat bajo el agua.

PROYECTOS ESPECIALES

Algunos insectos hacen estructuras que utilizan otros miles de insectos. Otros construyen estructuras que solo un insecto puede utilizar. Algunas de esas construcciones son **temporarias** y se utilizan solo para una parte de la vida de un insecto. Otras estructuras son utilizadas por muchas **generaciones**. Los insectos no necesitan aprender cómo se construyen estas cosas. Sus **instintos** les dicen cómo. ¡Incluso saben cómo se divide el trabajo entre miles de insectos!

termitero

Instintos

Los instintos son tipos de comportamientos que los seres vivos utilizan para sobrevivir. Cuando algo apunta a tu cabeza, no tienes que pensarlo ¡simplemente te agachas! Tus instintos te dicen que te muevas. Los instintos también les dicen a los animales cómo encontrar alimento, pareja, y cómo permanecer a salvo.

nido de avispas

HORMIGAS CORTADORAS DE HOJAS

Las hormigas cortadoras de hojas son agricultoras. Tienen **mandíbulas** muy filosas. Las utilizan para masticar hojas de plantas en trozos pequeños. Luego transportan las hojas al nido. Las hojas se convierten en alimento para un **hongo** que las hormigas utilizan para alimentar a sus crías.

Las hormigas cortadoras de hojas tienen diferentes trabajos en la colonia. Las hormigas cortadoras de hojas controlan a las hormigas que buscan alimento. Evitan los ataques de moscas fóridas. La mosca fórida es un **parásito**, que pone huevos en la cabeza de la hormiga cortadora de hojas. ¡Cuando los huevos se rompen, las moscas matan a la hormiga! Las hormigas obreras más pequeñas a veces cabalgan en las cabezas de las obreras más grandes. Su trabajo es espantar a las moscas fóridas que tratan de aterrizar.

hormiga cortadora de hojas

Cultivo de hongos

Las hormigas cortadoras de hojas trabajan mucho para mantener a los hongos sanos. Si las hormigas recogen hojas en las que el hongo no crece, las hormigas dejan de juntar ese tipo de hoja. También están atentas al moho y a las pestes que puedan atacar al hongo.

Los insectos han cultivado hongos durante millones de años. Los seres humanos han comenzado a cultivar la tierra hace solo algunos miles de años.

GUSANOS DE SEDA

A veces, un animal construye algo tan útil que incluso los seres humanos desean usarlo. A lo largo de la historia, las personas que valoran las cosas hermosas han usado seda. Es muy tersa y suave. La seda es fabricada por el gusano de seda.

Los seres humanos han **domesticado** al gusano de seda. Es muy raro ver un gusano de seda en la naturaleza. La **sericicultura** es la práctica de criar gusanos de seda para fabricar seda. Se practica en China desde hace más de 5,000 años.

polilla de gusano de seda adulto

Cada gusano de seda forma un capullo, hecho con una larga hebra de seda. Si se deshace, el capullo puede llegar a extenderse 3,000 pies.

Un gusano de seda hembra puede poner hasta 500 huevos.

Dentro de un criadero de gusanos de seda

Los chinos tienen muchos mitos y leyendas sobre la sericicultura. Desde hace miles de años las personas perfeccionan el arte de fabricar seda. En la actualidad, la mayor parte de la seda se fabrica en Japón, Corea del Sur y Tailandia.

1.

Las polillas de seda ponen los huevos sobre un papel especial.

2.

Los gusanos de seda los incuban y comen hojas de morera.

3.

A los 35 días aproximadamente, la oruga comienza a tejer un capullo.

Hacer un vestido de seda puede llevar hasta 2,000 capullos.

4. Una oruga tarda de dos a tres días en tejer el capullo alrededor de sí misma.

5. Los criadores de seda matan a las orugas con calor y hierven los capullos para ablandarlos.

6. Las fibras se hilan y se ovillan en hebras.

HORMIGAS CARPINTERAS

Las hormigas carpinteras construyen sus nidos en la madera. Estas hormigas se encuentran en muchas partes del mundo. Les gusta hacer sus nidos en la madera húmeda y muerta. Hay muchas partes de una casa que son el objetivo de estas hormigas. Les gusta la madera que rodea puertas y ventanas. También les gustan los pisos de madera. Cavan túneles en las paredes lisas. Los túneles de estas hormigas son fáciles de detectar por las pequeñas pilas de aserrín que dejan.

hormigas carpinteras

ataque de hormigas

Hormigas explosivas

Algunas especies de hormigas carpinteras explotan cuando se las ataca. Tienen glándulas venenosas que explotan cuando el abdomen se contrae. El atacante es rociado con una sustancia venenosa y pegajosa, producida en el interior de la cabeza de la hormiga. ¡La hormiga se muere, pero de ahora en más el atacante evitará a otras hormigas carpinteras!

EL FUTURO DE LOS INSECTOS

Los insectos pueden ser pequeños, pero desempeñan un papel muy importante para el medio ambiente. Imagina que el mundo es un rompecabezas gigante. Los insectos son una de las piezas del rompecabezas. Todas las partes funcionan juntas.

En la actualidad, una de esas piezas del rompecabezas está en peligro de desaparecer. Las abejas son muy importantes para el medio ambiente. Fabrican la miel que endulza nuestro alimento. Hacen la cera que usamos en las velas y otros elementos. Pero tienen una tarea aún más importante: las abejas polinizan más del 30% de nuestras cosechas de alimento. Sin ellas habría escasez de alimentos en todo el mundo. Los científicos trabajan para proteger el futuro de las abejas y otros insectos.

Robots salvajes

La próxima vez que oigas el zumbido de un insecto cerca de tu oído, piénsalo dos veces antes de pegarle un manotazo. ¡Podrías estar oyendo el delicado zumbido de un diminuto insecto robot: mitad insecto, mitad robot! Actualmente los científicos pueden controlar la trayectoria del vuelo de una polilla insertando una pequeña computadora en su cuerpo.

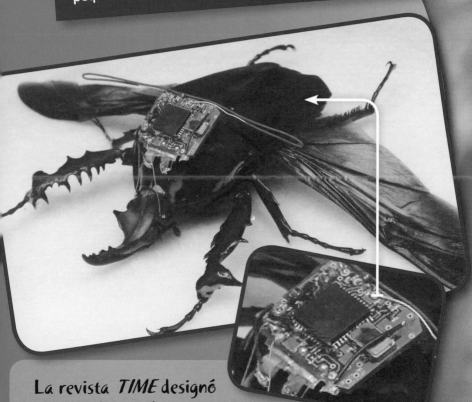

La revista *TIME* designó al escarabajo cyborg como uno de los 50 inventos más importantes de 2009.

BIOMIMÉTICA

Todos los seres vivos necesitan protegerse del clima. Necesitamos cazar o cultivar alimento para comer. Debemos protegernos mientras dormimos. Los insectos se enfrentan a los mismos desafíos. Los seres humanos podemos aprender del modo en que los insectos resuelven estos problemas. La **biomimética** es una de las maneras en que los ingenieros resuelven problemas. Primero estudian la naturaleza. Luego tratan de encontrar nuevas formas de resolver los problemas de los seres humanos. La biomimética no consiste en *usar* la naturaleza o aprender *sobre* la naturaleza. Se trata de aprender *de* la naturaleza.

Los aviones fueron diseñados imitando la capacidad de las aves para volar.

IMITADORES

Las hormigas se juntan y atacan a los intrusos. Este comportamiento dio una idea a los programadores de computadoras. Crearon un programa para buscar amenazas en las redes informáticas. ¿Qué ocurre cuando se encuentra una amenaza? ¡Otros programas entran en acción! Es como cuando las hormigas trabajan juntas para hacer frente a un atacante. En la naturaleza encontramos muchas adaptaciones que pueden ayudarnos a resolver nuestros problemas. Esta es solo una de ellas.

Las hormigas trabajan juntas para atacar a los intrusos.

En tus manos

Los científicos y los ingenieros utilizan la biomimética para descubrir las cosas que funcionan bien en la naturaleza. Reúnelas estudiando a los insectos constructores de este libro. ¿Puedes usar la biomimética para inventar una nueva forma de estar abrigado por la noche?

¿Una bolsa de dormir inspirada en el capullo de un gusano de seda?

El tejido de hebras apretadas es suave y abrigado.

¿Los materiales usados en el estuche de la frigánea ofrecen alguna respuesta?

Una capa exterior de losas duras protege el cuerpo.

Las burbujas retienen el calor.

¿Y si construyes una cama inspirada en la espuma de la cigarra espumadora?

CAJAS DE HERRAMIENTAS VIVIENTES

Los insectos ingenieros tienen todo lo que necesitan para sus proyectos de construcción. Los insectos hambrientos utilizan las mandíbulas para masticar la madera, como si fueran sierras humanas. Las larvas de las frigáneas usan rocas, arena y madera. Estos materiales mantienen seguras a las larvas, como cualquier casa humana hecha de madera. Las hormigas cortadoras de hojas construyen una granja de la misma manera en que lo hacen los agricultores. Ellos trabajan mucho para mantener sus cosechas sanas. Los insectos siguen sus instintos para construir las estructuras que necesitan para sobrevivir. Al igual que los ingenieros humanos, los insectos constructores cuentan con todas las herramientas adecuadas y saben cómo hacer su trabajo.

mandíbulas poderosas

pinzas perfectas

ojos enormes

todos los ojos fijos en ti

GLOSARIO

adaptado: cambiado de manera que ayuda a un organismo a sobrevivir en su hábitat

armadura: una cubierta defensiva para el cuerpo

artrópodo: un animal con tres partes en el cuerpo, extremidades articuladas y exoesqueleto

biomimética: aprender a resolver problemas imitando a los animales y a las plantas

branquias: órganos que se usan para obtener oxígeno del agua

camuflada: coloreada o de una textura que ayuda a una planta o a un animal a mimetizarse con su ambiente

depredadores: animales que matan y comen a otros animales

domesticado: adaptado para vivir con seres humanos y servir los propósitos de estos

espuma: algo liviano y lleno de burbujas de aire

exoesqueleto: una estructura protectora rígida en la parte exterior del cuerpo de un animal

generaciones: el transcurso de tiempo entre el nacimiento de los padres y el de sus hijos

hongo: un organismo, como el moho o la seta, que vive en materias muertas o descompuestas y que anteriormente era una planta

ingeniero: una persona entrenada y capacitada para diseñar edificios, tecnología e inventos

instintos: capacidades y respuestas naturales

larva: una fase durante el crecimiento de un insecto en la que no se parece al progenitor

mandíbulas: el aparato bucal de algunos artrópodos

ninfa: una fase en el crecimiento de un insecto en la que se parece al progenitor pero más pequeño

oxígeno: un elemento necesario para la vida, que está presente en el aire que respiramos

parásito: un ser vivo que habita en el interior o adosado a otro ser vivo

presa: animales que son consumidos por otros para obtener energía

rascacielos: edificios muy altos

sericicultura: cría de gusanos de seda para producir seda cruda

temporarias: que duran un tiempo limitado

ÍNDICE

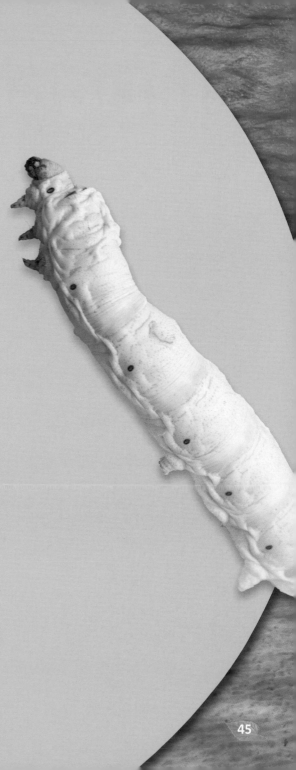

BIBLIOGRAFÍA

Greenaway, Theresa. *DK Big Book of Bugs.*
DK Publishing, 2000.

Una mirada en primer plano sobre una variedad de diferentes insectos. Utiliza las funciones de texto, como el glosario y el índice, para buscar información importante.

Johnson, Jinny. *Simon & Schuster Children's Guide to Insects and Spiders.* **Simon & Schuster Children's Publishing, 1997.**

En este libro se estudian más de 100 insectos y arañas diferentes. Los insectos y las arañas se analizan en grupos sobre la base de características similares. En cada capítulo del libro se estudia un grupo diferente.

Silverstein, Alvin, and Virginia B. Silverstein. *Metamorphosis: Nature's Magical Transformations.* **Dover Publications, 2003.**

En este libro se estudia la metamorfosis, por medio de la investigación de los ciclos vitales de las mariposas y las ranas.

Tait, Noel. *Insects & Spiders.* **Simon & Schuster Books for Young Readers, 2008.**

¡Aprende sobre una variedad de insectos y arañas diferentes, con ilustraciones de estilo tridimensional que hacen que los insectos y las arañas de este libro salten desde la página!

MÁS PARA EXPLORAR

Cirrus Image
http://www.cirrusimage.com

En este sitio web se ofrecen coloridas imágenes en primer plano e información sobre los insectos y las arañas que se encuentran en América del Norte.

Insect Identification
http://www.insectidentification.org

El sitio web de *Insect Identification* ofrece una guía de insectos y arañas que puedes buscar indicando las características claves del organismo. Simplemente indica los colores primario y secundario, la cantidad de patas y el estado donde viste el insecto.

Animal Planet
http://animal.discovery.com/guides/atoz/spiders.html

En el sitio web de *Animal Planet* se creó una página especial con contenido exclusivo de insectos y arañas. Puedes ingresar en los vínculos para ver la información, y también ver los videos y las fotos.

National Geographic for Kids
http://kids.nationalgeographic.com/kids/

El sitio web de *National Geographic* para niños ofrece información sobre una variedad de vida silvestre (incluidos insectos y arañas) y muestra fotografías y videos de la vida silvestre en todo el mundo, además de juegos y otras actividades.

ACERCA DEL AUTOR

Timothy J. Bradley creció cerca de Boston, Massachusetts y pasó todo su tiempo libre dibujando naves espaciales, robots y dinosaurios. Le gustaba tanto que comenzó a escribir e ilustrar libros sobre historia natural y ciencia ficción. Timothy también trabajó como diseñador de juguetes para Hasbro, Inc., diseñando dinosaurios a tamaño natural para exposiciones en museos. A Timothy le encanta observar a los insectos y las cosas maravillosas que pueden construir.

Timothy vive en el soleado sur de California con su esposa e hijo.